AF232259

CHOIX DE CANTIQUES
POUR UN PÈLERINAGE

EN L'HONNEUR

DE LA SAINTE VIERGE

1° POUR LE DÉPART ET LE RETOUR.

1er CANTIQUE.

Départ.

1   Vers l'autel de Marie,
Marchons avec amour ;
Vierge aimable et chérie,
Donne-nous un beau jour.

2   On dit que sur notre âge
Repose ton amour.....
Pour ce pèlerinage
Donne-nous un beau jour.

3   Souvent, l'ange perfide

Vient troubler notre amour....
Vierge, sois notre guide,
Donne-nous un beau jour.

4   Bientôt, dans ta chapelle,
Parlera notre amour.
Il te sera fidèle...,...
Donne-nous un beau jour.

5   La fleur, brillante image
Du pur et saint amour,
Nous t'en ferons l'hommage,
Donne-nous un beau jour.

6   Et dans ton sanctuaire,
Montre-nous ton amour,
N'es-tu pas notre mère?
Donne-nous un beau jour.

Retour.

1   A l'autel de Marie
Pressons-nous en ce jour,
Mère aimable et chérie,
Donne-nous ton amour.

2   Ton amour!... C'est le gage
Du bonheur de ce jour.
Qu'il soit notre partage,
Donne-nous ton amour.

3   Loin de ton sanctuaire
Qu'il est de triste jour!
Contre notre misère
Donne-nous ton amour.

4   L'enfer dans sa furie
Nous poursuit chaque jour!

Ah! sauve-nous, Marie,
Donne-nous ton amour.

5   Eh quoi! lâche infidèle,
J'oublierais ce beau jour!...
Non... Soutiens notre zèle,
Donne-nous ton amour.

6   La vie est un passage,
Au ciel, au ciel un jour!...
Donne-nous en le gage,
Donne-nous ton amour.

2e CANTIQUE.

Refrain.   C'est la Madone du village,
Encore un peu de chemin!
Bientôt tu verras son image,
Courage, bon pèlerin!
Courage, courage, courage, bon pèlerin!

1   Sur le penchant de ce riant coteau
Ne vois-tu pas sa petite chapelle?
Va, pèlerin, te cacher sous son aile,
Elle t'attend, la vierge du hameau.

2   C'est là qu'elle aime à montrer son amour.
C'est là qu'elle aime à montrer sa puissance.
Ouvre ton cœur à la douce espérance,
En approchant de ce pieux séjour.

3   Demande-lui tout ce que tu voudras;
Mais si, priant à l'image chérie,
Tu la trouvais inflexible, Marie,
Va, pèlerin, mais ne nous le dis pas.

4   Elle est si bonne au cœur qui l'aime bien!
Elle aime tant à prouver qu'elle est mère!

Seul tu viendrais à ce beau sanctuaire,
Seul tu prierais et tu n'obtiendrais rien !

5   Ecoute, un jour dans un orage affreux,
Les grandes eaux, qui tombent des montagnes,
Allaient nous perdre en perdant nos campagnes :
Elle a changé leurs cours impétueux.

6   Un jour, sur nous la tempête du nord
Eclate et va nous jeter son tonnerre.....
Chacun tremblait pour sa pauvre chaumière :
Elle a sauvé ses enfants de la mort.

7   Va pèlerin, va donc à ses genoux,
Notre Madone entendra ta prière,
Si comme nous tu l'appelles ta mère,
Si ton cœur sait la prier comme nous.

3e CANTIQUE.

Ref.   En ce jour,
    O bonne
    Patronne !
    Je te donne
    Mon amour.

1   Jour et nuit,
La terre
Entière,
Tendre mère,
Te bénit.

2   Pour toujours
Mon âme
S'enflamme,
Et réclame
Ton secours.

3   Si mon cœur,
    O mère
    Si chère !
    Peut te plaire,
    Quel bonheur !

4   Par ton nom
J'implore
Encore
De l'aurore
Un rayon.

5   O pécheur !
La bonne
Patronne
Te pardonne
De bon cœur.

6   Donne-moi
Marie,
Chérie,
Pour la vie,
D'être à toi.

7   Qu'à jamais
Mon âme
S'enflamme
Et proclame
Tes bienfaits.

8   En ton nom
J'espère
Lumière,
Tendre mère,
Et pardon.

9   A la mort,
Qui prie
Marie,
Plein de vie,
Entre au port.

4ᵉ CANTIQUE.

Refrain.   Marie! elle est notre patronne,
Des chrétiens le puissant secours!
Marie! elle est pour nous si bonne!
Jurons, jurons de l'aimer toujours.

1   C'est elle qui dès notre aurore
Nous adopta pour ses enfants;
Elle qui nous protège encore,
Tendre Mère, à tous nos instants!.....

2   N'est-ce donc pas sa bienfaisance
Qui nous fait éviter les maux,
Dont le monde entoure l'enfance
Comme de sinistres réseaux?...

3   Et quand au sentier de la vie
Nous avons avancé d'un pas,
Dans la foule au monde asservie,
Vierge, ne nous soutiens-tu pas!

4   Marie, au pécheur qui l'offense,
Obtient la grâce du pardon,
Et du pauvre dans l'indigence
Elle console l'abandon

5   Fidèle au Fils de sa tendresse,
Sa main me bénit chaque jour,
Et moi, fidèle à sa promesse,
Je lui redis : Amour! amour!

6   Pauvre exilé sur cette terre,
Je sais un charme à mes douleurs,
Lever les yeux vers vous, ma Mère,
C'est recouvrer la paix du cœur.

7   Un jour, sur le bord de la tombe,
A tout il faudra dire adieu!...
Ne permets pas que je succombe,
O Vierge, conduis-moi vers Dieu.

5° CANTIQUE.

Refrain.   Marie, ô bonne Mère,
Reçois nos chants;
Exauce la prière
De tes enfants.

1   Puissante protectrice,
Vénérée en ces lieux,
Sois-moi toujours propice
Auprès du Roi des cieux.

2   En proie à la souffrance,
T'adresse-t-on des vœux,
Tu combles l'espérance
De tous les malheureux.

3   Dans le sein de l'orage,
De pâles matelots,
Tu soutiens le courage;
Tu les sauves des flots.

4   La mort menace-t-elle,

Dans son fatal courroux,
Ton serviteur fidèle,
Tu détournes ses coups.

5   Il n'est point de misère,
Il n'est point de douleur,
O bonne et tendre Mère,
Qui ne touche ton cœur.

6   Loin des routes du vice,
Oh! dirige nos pas;
Sois ma libératrice
Au jour de mon trépas.

7   Ma jeunesse fragile
A besoin de secours;
Tu seras mon asile,
Tu le seras toujours.

6° CANTIQUE.

Refrain.   O mère chérie,
Place moi
Un jour dans la Patrie,
Près de toi.

1   Je suis aimé de toi, Mère chérie.
Ce doux penser fait palpiter mon cœur;
C'est un parfum qui réjouit ma vie,
Et dans l'exil me donne le bonheur!

2   Quand viendra-t-il ce jour, Mère chérie,
Où je pourrai reposer sur ton cœur?
Je veux du moins, ô divine Marie,
Chanter ton nom pour calmer ma douleur.

3   Le voyageur, au nom de sa patrie,
Sentit toujours renaître sa vigueur;

Ton nom puissant, ô divine Marie,
A plus encor d'empire sur mon cœur.

4   Dans les ennuis, à mon âme flétrie,
Ton nom si cher rend le calme et la paix,
Dès qu'on t'implore, ô puissante Marie,
Le ciel sourit et verse ses bienfaits.

5   Ce nom si doux pour un enfant qui prie,
Je le redis mille fois chaque jour;
Et, je le sens, ô divine Marie,
Ton œil sur moi repose avec amour.

7e CANTIQUE.

Refrain.   Vous êtes toute pure,
Sans tache et sans souillure,
Marie, ah! descendez des cieux,
Venez et recevez nos vœux.

1   Vous êtes la porte brillante
De la cité de paix,
Dans la demeure permanente
Sans vous nul n'entrera jamais.

2   Jetez sur nous, ô tendre Mère!
Un regard maternel;
Ne dédaignez pas la prière
Que nous offrons à votre autel.

3   Donnez-nous l'aimable innocence
Et d'esprit et de cœur;
De la couronne de l'enfance
Le lis est la plus belle fleur.

4   Du ciel nous avons par nos crimes
Provoqué le courroux,

Daignez fermer les noirs abîmes,
Et demander pardon pour nous.

5   O douce Mère, ô tendre Reine!
    Reine et Mère d'amour,
Marie, ah! vous pouvez sans peine
Sauver tous vos enfants un jour.

8e CANTIQUE.

Refrain.   De Marie — Qu'on publie
    Et la gloire et les grandeurs :
    Qu'on l'honore, — Qu'on l'implore,
    Qu'elle règne sur nos cœurs.

1   Unis aux concerts des Anges,
Aimable Reine des cieux,
Nous célébrons tes louanges
Par nos chants mélodieux.

2   Auprès d'elle la nature
Est sans grâce et sans beauté;
Les cieux perdent leur parure,
L'astre du jour sa clarté.

3   C'est le lis de la vallée
Dont le parfum précieux,
Sur la terre désolée
Attira le roi des cieux.

4   C'est l'auguste sanctuaire
Que le Dieu de majesté
Inonda de sa lumière,
Embellit de sa clarté.

5   C'est la Vierge incomparable,
Gloire et salut d'Israël,

Qui, pour un monde coupable,
Fléchit le courroux du ciel.

6   Pour tout dire, c'est Marie,
Dans ce nom que de douceur !
Nom d'une mère chérie,
Nom, doux espoir des pécheurs.

7   Ah ! vous seuls pouvez nous dire,
Mortels qui l'avez goûté,
Combien doux est son empire,
Combien grande est sa bonté.

8   Qui jamais, de la détresse
Lui fit entendre le cri,
Et n'obtint de sa tendresse
Sous son aile un sûr abri ?

9   Vous qui d'un monde perfide
Craignez les puissants appas,
Si Marie est votre guide,
Non, vous ne périrez pas.

10   En vain l'enfer en furie
Frémirait autour de vous,
Si vous invoquez Marie,
Vous braverez son couroux.

11   Oui, je veux, ô tendre mère !
Jusqu'à mon dernier soupir,
T'aimer, te servir, te plaire,
Et pour toi vivre et mourir.

9º CANTIQUE.

1   Chantons la Reine des cieux,
Que l'excès de l'amour
Fait triompher en ce jour :

Chantons la Reine des cieux;
Qu'on l'honore et qu'on l'aime en tous lieux.
De nos chants divers
Remplissons les airs;
Que tout l'univers
Réponde à nos doux concerts :
De nos chants divers
Remplissons les airs;
Inventons même de nouveaux airs.

2 Venez, lui dit le Seigneur,
O ma Mère, venez,
Mes biens vous sont destinés,
Venez, lui dit le Seigneur,
Hâtez-vous, partagez mon bonheur...
Entrez dans ma paix,
Régnez à jamais;
Que tous vos souhaits
S'accomplissent désormais.
Entrez dans ma paix,
Régnez à jamais,
Possédez ma grâce et mes bienfaits.

3 Daignez, Marie, en ce jour,
Ecouter nos soupirs,
Et seconder nos désirs;
Daignez, Marie, en ce jour,
Recevoir notre encens, notre amour.
Du céleste Epoux
Calmez le courroux,
Qu'il se montre doux
A tous ceux qui sont à vous :
Du céleste Epoux
Calmez le courroux,
Que son cœur s'attendrisse sur nous.

10e CANTIQUE.

Refrain.   C'est le nom de Marie
Qu'on célèbre en ce jour,
O famille chérie!
Chantez ce nom d'amour.

1   C'est le nom d'une Mère,
Chantez, heureux enfants;
Unissez pour lui plaire
Et vos cœurs et vos chants.

2   C'est un nom de puissance,
Un nom plein de douceur,
Mais toujours sa clémence
Surpasse sa grandeur.

3   C'est un nom de victoire,
Il dompte les enfers :
Il nous donne la gloire
De briser tous nos fers.

4   C'est un nom d'espérance
Au pécheur repentant,
Un gage d'innocence
Au cœur juste et fervent.

5   Il n'est rien de plus tendre,
Il n'est rien de plus fort,
Le ciel aime à l'entendre;
Pour l'enfer c'est la mort.

6   Il est doux à la terre :
Il est plus doux au ciel :
Un cœur pur le préfère
A la douceur du miel.

7   La parole première

Que dit Jésus enfant,
— Fut le nom de sa Mère,
Qu'il dit en souriant.

8   Que le nom de ma Mère,
Au dernier de mes jours,
Soit toute ma prière,
Qu'il soit tout mon secours.

11e CANTIQUE.

1   Je la verrai cette Mère chérie :
Ce doux espoir fait palpiter mon cœur.
Elle est si bonne et si tendre, Marie !
Son seul regard ferait tout mon bonheur.

Refrain.   Divine Marie, — J'ai l'espoir,
Au ciel, ma patrie, — De te voir.

2   Je fus toujours l'enfant de sa tendresse :
Mais plus je suis comblé de ses bienfaits,
Et plus j'éprouve en l'âme de tristesse,
Je la chéris et ne la vois jamais !.....

3   Je la chéris et j'aime à le lui dire :
Marie ! ô nom redit cent fois le jour !...
Marie ! ô nom qu'il me plait tant d'écrire !
Nomme le mien, ô Marie ! à ton tour.

4   Je vais cherchant son image fidèle,
Mais nulle part je ne suis satisfait ;
Oui, dans mon cœur ma Mère est bien plus belle,
Et ce tableau lui-même est imparfait.

5   Combien encore durera son absence ?
A chaque fête elle vient en ce lieu :
Mais sans la voir je suis en sa présence,
Et ce jour fuit... Adieu, ma Mère, adieu.

12e CANTIQUE.

Refrain.   Des pèlerins, auguste Mère,
Accueillez la prière,
La prière et les refrains
Des pèlerins.

1   Sainte Vierge Marie,
Patronne de ces lieux,
Que votre main chérie
Daigne bénir nos vœux !
Pour visiter ce sanctuaire,
Nous avons devancé le jour,
Jetez sur nous un regard salutaire,
Et par vos dons couronnez notre amour.

2   Sous le tendre feuillage
Qui pare nos coteaux,
Les chantres du bocage
Raniment les échos,
Tout l'univers, ô douce Reine,
Partage nos pieux transports,
Et vos enfants de la rive lointaine
Viennent heureux vous offrir leurs accords.

3   Déjà le sanctuaire
A redit nos serments :
Toujours, ô tendre Mère,
Nous serons vos enfants :
L'enfer en vain dans sa furie
Nous livre de cruels combats .
Que pourrait-il contre nous, ô Marie?
Toujours, toujours vous protégez nos pas

4   C'est vous qu'en la tourmente
Les pauvres matelots.

—

D'une voix suppliante,
Implorent dans leurs maux ;
Passagers sur la rive du monde,
Nous errons battus par les vents.
Que votre main, ô Vierge, nous seconde .
Assistez-nous de vos soins bienveillants.

5   Loin de ce doux asile,
Vierge de bon secours,
Notre barque fragile
Va poursuivre son cours :
Conduisez-nous vers le rivage
Qu'appellent nos cœurs et nos vœux ;
Quand finira notre pèlerinage,
Vierge, daignez nous guider vers les cieux.

2° AU LIEU DU PÈLERINAGE.

1er CANTIQUE.

Refrain.   Le ciel est ma patrie,
Je suis du peuple des élus,
Mon frère s'appelle Jésus,
Et ma mère Marie.

1 Quoi ! le nom de Marie est le nom de ta mère !
Jeune enfant, est-ce au ciel que tu reçus le jour ?
A quel titre oses-tu nommer Jésus ton frère ?
Qui t'inspira ce chant d'espérance et d'amour ?

2 Ecoutez un enfant : Un livre qu'on révère,
Où Dieu parle lui-même et nous donne sa loi,
De ma noble origine éclaircit le mystère,
Un jour j'y lus ces mots : Mon fils, console-toi,
Le ciel est ta patrie,

Ton peuple est celui des élus,
Ton frère s'appelle Jésus
Et ta mère Marie.

3 Jésus est mon aîné; dans une étable obscure,
Pauvre, ignoré, souffrant, il naquit autrefois : -
Le Fils de l'Eternel revêtant ma nature
M'adopta pour son frère et me transmit ses droits.

4 Oui, Jésus se plaisait à m'appeler son frère,
Sa mère souriait et me nommait son fils !
Oh! qu'ils m'aimaient tous deux! Voyez-vous ce calvaire?
Il vous apprend lui seul à quel titre je dis :

5 Avant de consommer son douloureux mystère,
Jésus voulant me faire un don digne de lui,
N'ayant plus d'autre bien, il me donna sa Mère,
Voilà, voilà pourquoi je répète aujourd'hui :

6 Jésus meurt; mais des siens une foule assemblée,
Le vit un jour au ciel s'élever triomphant.
Bientôt auprès de lui Marie est appelée,
Et moi, je reste seul... Je reste et cependant,

7. Ah! quand viendra le jour où loin de cette terre,
Aussi moi vers le ciel je prendrai mon essor !
Jour heureux ! hâte-toi, viens m'unir à ma Mère,
Viens m'unir à Jésus, et qu'auprès d'eux encor

Je chante en ma patrie :
Je suis du peuple des élus, etc.

2º CANTIQUE.

1 Reine des cieux,
  Jette les yeux
Sur ce béni sanctuaire,
  Et des pécheurs

Guéris les cœurs,
Et montre-toi notre Mère.

2 Entends nos vœux,
Rends-nous heureux
En nous donnant la victoire
Et pour jamais,
De tes bienfaits
Nous garderons la mémoire.

3 Mets en nos cœurs
Les belles fleurs
Symboles de l'innocence ;
Conserve-nous,
Les dons si doux
De foi, d'amour, d'espérance.

4 Astre des mers,
Des flots amers
Calme la vague écumante :
Chasse la mort,
Et mène au port
Notre nacelle tremblante.

5 Ne souffre pas
Que le trépas
Nous surprenne dans le crime ;
Non, ton enfant,
Du noir serpent
Ne sera pas la victime.

6 Si les accents
De tes enfants
S'élèvent jusqu'à ton trône,
Dans ce séjour
Du bel amour,
Garde leur couronne.

7   Accorde-nous
De t'aimer tous
Dans la céleste patrie,
Et d'y fêter
Et d'y chanter
L'aimable nom de Marie.

3e CANTIQUE.

Refrain.   T'aimer, ô Marie,
Fait notre bonheur.
O Mère chérie,
Ouvre-nous ton cœur.

1   Vois sur notre tête
L'orage mugir ;
Contre la tempête
Viens nous secourir.

2   Des nuages sombres
Nous cachent les cieux ;
Dissipe les ombres,
Et brille à nos yeux.

3   La mer écumante
Nous offre la mort ;
Calme la tourmente,
Conduis-nous au port.

4   Ta douce lumière,
Astre du matin,
Réjouit la terre,
Rend le ciel serein.

5   Le chrétien qui t'aime
Marche à ta splendeur :
Tu l'offres toi-même
Au divin Sauveur.

4ᵉ CANTIQUE.

1   Vierge, étoile des mers,
Levez-vous sur ma tête;
Calmez les flots amers
Et chassez-la tempête.

2   Vierge, porte des cieux,
Abaissez sur la terre
Un regard de vos yeux;
Voyez notre misère !

3   Eve donna la mort
A sa race flétrie;
Vous changez notre sort
En nous donnant la vie.

4   Contre les noirs enfers
Donnez-nous la victoire;
Brisez, brisez nos fer,
Vous en aurez la gloire.

5   Montrez eu ce moment,
Montrez-vous notre Mère;
A Jésus, votre enfant,
Offrez notre prière.

6   O Reine de la paix,
O vous la douceur même,
Répandez vos bienfaits
Dans l'âme qui vous aime.

7   Donnez-nous un cœur pur,
Sainte Vierge Marie !
Par un chemin sûr
Menez-nous à la vie

8   Gloire au Père éternel,

Gloire au Sauveur des âmes,
A l'esprit immortel .
Gloire à l'esprit de flamme.

5e CANTIQUE.

1   Priez pour nous, ô bonne et douce mère,
Reconnaissez vos enfants à genoux !
Du haut du ciel voyez notre misère,
Reine des Bienheureux, priez, priez pour nous.

2   Priez pour nous ; que nos cris de souffrance
De notre exil s'élèvent jusqu'à vous !
Oui jusqu'à vous, douce fleur d'espérance,
Secours des affligés, priez, priez pour nous.

3   Priez pour nous ! votre voix pure et tendre
Du Dieu vengeur fléchira le courroux !
Le roi du ciel se plaît à vous entendre.
O glorieuse Esther, priez, priez pour nous.

4   Priez pour nous ! Un jour avec les Anges
Nous dirons tous un hymne des plus doux ;
Nous chanterons en commun vos louanges.
Couronne des élus ! priez, priez pour nous.

6e CANTIQUE.

1 Vous en êtes témoins, Anges du Sanctuaire,
De la Mère de Dieu nous sommes les enfants :
C'en est fait, et Marie a reçu nos serments ;
Honneur, respect, amour à notre auguste Mère.

Refrain.

Nous l'avons tous juré, nous sommes ses enfants,
L'aimer est de nos cœurs le vœu le plus sincère.
Que la terre et les cieux redisent nos serments :
Guerre au monde, à Satan, amour à notre Mère !

2 De puissants ennemis nous déclarent la guerre;
Je sens mon cœur frémir à l'aspect des combats.
Soutiens-nous, ô Marie! Encourage nos pas,
Et prête à nos efforts ton appui salutaire.

3 Si pour nous enchaîner des faux biens de la vie
Le monde offre à nos yeux les attraits imposteurs,
Disons-lui, repoussant ses funestes douceurs :
Mon cœur n'est plus à moi, mon cœur est à Marie.

4 L'enfer peut de sa rage exciter la tempête;
Le dragon orgueilleux peut frémir de courroux,
L'invincible Marie a triomphé pour nous,
Pour nous du vieux serpent elle a brisé la tête.

5 Ainsi toujours vainqueurs, si son nom nous seconde,
Et chargés de lauriers dès nos plus jeunes ans,
Toujours nous foulerons sous nos pieds triomphants
Les pompes de Satan, les vains plaisirs du monde.

Oui, nous le jurons tous, nous sommes ses enfants;
L'aimer est de nos cœurs le vœu le plus sincère,
Que la terre et les cieux, témoins de nos serments,
Répètent chaque jour : Amour à notre Mère.

7° CANTIQUE.

1   Il faut quitter le sanctuaire
        Où j'ai retrouvé le bonheur;
        Mais je veux auprès de ma Mère,
        Je veux ici laisser mon cœur.

Refrain.   Je pars; adieu, Mère chérie,
        Adieu, ma joie et mes amours;
        Toujours je t'aimerai, Marie,
        Toujours, toujours, toujours,
        Toujours, toujours.

2 J'avais le cœur si plein de larmes,
Quand j'approchai de ton autel!...
Mais tu mis fin à mes alarmes
Par un seul regard maternel.

3 J'ai retrouvé de l'espérance
Sitôt que je fus devant toi,
Ton cœur toujours plein de clémence
Au cœur de Dieu parlait pour moi.

4 Tu répondis à ma prière
Par un regard du haut des cieux,
Et tu m'as dit : Je suis ta Mère,
Toujours sur toi j'aurai les yeux.

5 Oui, je l'espère, au moment même
Où je priai à ton autel,
Ton cœur m'a dit : Enfant que j'aime,
Tu me verras un jour au ciel.

6 Ah ! je voudrais, Vierge fidèle,
Rester toujours à tes genoux,
Jusqu'à ce que la mort m'appelle ;
Mourir ici serait si doux !

FÊTE DU SACRÉ CŒUR DE JÉSUS

AUX I. VÊPRES.

Pour les psaumes, voyez à la fête du Très-Saint Sacrement, dans les Offices paroissiaux, et dans les Heures de la Congrégation, après les complies du dimanche.

1. *Ant.* Discite a me quia mitis sum et humilis corde.

2. *Ant.* Sanctificavi locum istum, ut sit nomen meum ibi in sempiternum, et permaneant oculi mei, et cor meum ibi cunctis diebus.

3. *Ant.* Et dixi : Ergo sine causa justificavi cor meum, et lavi inter innocentes manus meas, et fui flagellatus tota die.

4. *Ant.* Secundum multitudinem dolorum meorum in corde meo, consolationes tuæ lætificaverunt animam meam.

5. *Ant.* Pone me ut signaculum super cor tuum, ut signaculum super brachium tuum.

Capitule.

Ecce Deus Salvator meus, fiducialiter agam, et non timebo, quia fortitudo mea, et laus mea Dominus, et factus est mihi in salutem. Haurietis aquas in gaudio de fontibus Salvatoris.

HYMNE.

Auctor beate sæculi.
Christe Redemptor omnium,
Lumen Patris de lumine,
Deusque Verus de Deo.

Amor coegit te tuus
Mortale corpus sumere,
Ut novus Adam redderes,
Quod vetus ille abstulerat.

Ille amor almus artifex,
Terra, marisque et siderum,
Errata patrum miserans,
Et nostra rumpens vincula.

Non corde discedat tuo

Vis illa amoris inclyti :
Hoc fonte gentes hauriant
Remissionis gratiam.

Percussum ad hoc est lancea,
Passumque ad hoc est vulnera,
Ut nos lavaret cordibus,
Unda fluente et sanguine.

Deus Parenti, et Filio,
Sanctoque sit Spiritui,
Quibus potestas, gloria,
Regnumque in omne est sæculum.
Amen.

℣. Ignem veni mittere in terram.
℟. Et quid volo, nisi ut accendatur.

A Magnificat.

Ant. Improperium expectavit cor meum, et mise-
riam : et sustinui qui simul contristaretur, et non
fuit ; et qui consolaretur, et non inveni.

ORAISON.

Concede, quæsumus omnipotens Deus, ut qui in
sanctissimo dilecti Filii tui Corde gloriantes, præci-
pua in nos charitatis ejus beneficia recolimus, eorum
pariter et actu delectemur, et fructu. Per eumdem.

FIN.

Rennes. — Imp. Catel.

68